BOEKANALYSE

AF142077

De graaf van Monte Cristo

· · · · · · · · · · · · · · ·

ALEXANDRE DUMAS

BOEKANALYSE

Geschreven door Flore Beaugendre
Vertaald door Nikki Claes

De graaf van Monte Cristo

ALEXANDRE DUMAS

ALEXANDRE DUMAS

FRANSE SCHRIJVER

- **Geboren in Villers-Cotterêts in 1802**
- **Overleden in Puys in 1870**
- **Opmerkelijke werken:**
  - *Pauline* (1838), roman
  - *De Drie Musketiers* (1844), roman
  - *De graaf van Monte Cristo* (1844-1845), roman

Alexandre Dumas (1802-1870), ook bekend als Alexandre Dumas *père om* onderscheid te maken tussen hem en zijn zoon, was een Franse schrijver die dicht bij de Romantische Beweging stond. Als zoon van een generaal van Afrikaans-Caribische afkomst werkte hij al op jonge leeftijd, voordat hij begon te schrijven. Hij kreeg al snel bijval met zijn vaudevilles en zijn historische toneelstukken. Hij schreef een indrukwek-kende hoeveelheid werken, waaronder *Henry III and His Courts* (1829) en *Kean* (1836). Zijn blijvende roem dankt hij echter aan zijn reeks historische fresco's, namelijk met de trilogie van *De Drie Musketiers* in 1844 en met *De graaf van Monte Cristo* in hetzelfde jaar.

DE GRAAF VAN MONTE CRISTO

GETUIGE VAN DE GESCHIEDENIS EN SATIRE VAN DE SAMENLEVING

- **Genre:** roman
- **Referentie-uitgave:** Dumas, A. (2010) *Le Comte de Monte-Cristo*. Parijs: Gallimard.
- **Eerste uitgave:** 1845
- **Thema's:** gevangenis, ontsnapping, wraak, onrechtvaardigheid

Alexandre Dumas schreef *De graaf van Monte Cristo* in samenwerking met Auguste Maquet. De roman, die in 1844 werd voltooid, werd eerst als feuilleton gepubliceerd, voordat hij tussen 1844 en 1846 in boekdelen verscheen. Het is geïnspireerd op ware gebeurtenissen en vertelt het verhaal van Edmond Dantès, een jongeman voor wie het leven aangenaam is totdat hij ten onrechte wordt beschuldigd van Bonapartisme en voor veertien jaar naar de gevangenis wordt gestuurd. Nadat hij is ontsnapt en rijk is geworden, besluit hij wraak te nemen op allen die verantwoordelijk zijn voor zijn ongeluk.

De graaf van Monte Cristo is een belangrijk werk uit de Franse en internationale literatuur, en is het onderwerp geweest van vele bewerkingen in verschillende artistieke domeinen over de hele wereld.

SAMENVATTING

HOOFDSTUKKEN 1-5

De *Pharaon* arriveert in Marseille na een tussenstop op het eiland Elba, waar de overleden kapitein zijn onderbevelhebber, Edmond Dantès, heeft gevraagd een brief te halen die naar Parijs moet worden gebracht. De reder, meneer Morrel, benoemt Dantès tot nieuwe kapitein. Danglars, de accountant manager, is jaloers.

Edmond gaat op zoek naar zijn verloofde Mercédès, die hij aantreft in het gezelschap van Fernand Mondego. Deze laatste is verliefd op de jonge vrouw, maar zij houdt van Edmond. Fernand is boos en wanneer hij het pad kruist met Caderousse en Danglars, zet Danglars hem onder druk om Edmond aan te klagen wegens Bonapartisme (aanhanger van Napoléon Bonaparte, Franse keizer, 1769-1821). Dantès wordt gearresteerd.

HOOFDSTUKKEN 6-13

De adjunct-kroonaanklager, Villefort, staat op het punt de jongeman vrij te laten wanneer hij de brief vindt die Edmond naar Parijs had moeten brengen: deze is gericht aan Mr. Noirtier, de vader van Villefort, die een Bonapartist is. Bang voor de mogelijke gevolgen van deze brief voor zijn naam en carrière, stuurt Villefort Dantès naar de gevangenis van het Château d'If. Hij onthult de inhoud van de brief ook aan

Koning Lodewijk XVIII (1755-1824), maar die komt te laat: Napoleon trekt Parijs binnen en neemt de macht over.

HOOFDSTUKKEN 14-20

Edmond Dantès ziet de jaren verstrijken, zonder uitzicht op een proces. Op een dag vertelt de man in de naburige cel, de abbé Faria, die op sterven ligt, hem over het bestaan van een schat die verborgen ligt op het eiland Monte Cristo, die hij geërfd heeft en die hij op zijn beurt aan de jongeman nalaat. Wanneer Faria sterft, neemt Dantès de plaats in van zijn lichaam in zijn lijkwade. Hij wordt in zee gegooid, veertien jaar na zijn eerste gevangenneming.

HOOFDSTUKKEN 21-25

Dantès zwemt naar een onbewoond eiland en slaagt er vervolgens in zich bij een schip aan te sluiten. Hij wacht op een kans om het eiland Monte Cristo te bereiken en de immense schat van Abbé Faria te vinden. Dan probeert hij van zijn vader en verloofde te horen. Hij verneemt dat zijn vader dood is en zijn verloofde weg is.

HOOFDSTUKKEN 26-30

Vermomd als een Italiaanse priester, genaamd Abbé Busoni, gaat Dantès naar Caderousse. Hij doet zich voor als Dantès' testamentair executeur en legt uit dat de jongeman een diamant wil verdelen onder de vijf mensen van wie hij het meest houdt: zijn vader, Mercédès, Danglars, Fernand en Caderousse zelf. Caderousse hekelt vervolgens de daden van Danglars en

Fernand, en onthult dat Mercédès met Fernand is getrouwd. Hij noemt ook de vriendelijkheid van meneer Morrel en zijn financiële problemen. Anoniem geeft Dantès meneer Morrel genoeg om zijn schulden af te betalen, waardoor hij gered wordt van een faillissement en zelfmoord.

HOOFDSTUKKEN 31-38

Tien jaar later ontmoet de jonge baron Franz d'Épinay in Marseille de zoon van Fernand Mondego, burggraaf Albert de Morcerf. Zij maken kennis met de mysterieuze en buitengewoon rijke graaf van Monte Cristo. Deze neemt de twee jongemannen onder zijn hoede en helpt Albert aan een ontvoering te ontsnappen. In ruil daarvoor vraagt Monte Cristo de jonge Morcerf hem te introduceren in de Parijse high society.

HOOFDSTUKKEN 39-45

Monte Cristo wordt ontvangen bij de Morcerfs, waar hij opnieuw de zoon van meneer Morrel ontmoet, Maximilien, die hij aardig vindt. Albert stelt de graaf voor aan zijn ouders: Fernand herkent hem niet, in tegenstelling tot Mercédès, die doodsbang is.

Monte Cristo koopt een huis in Auteuil dat vroeger toebehoorde aan de schoonmoeder van Villefort. Zijn opzichter, Bertuccio, vertelt dat hij op een dag een strik had ontdekt die Villefort zojuist in de tuin had begraven: er zat een baby in. Omdat het nog niet dood was, redde de opzichter het en voedde het op, onder de naam Benedetto. Het kind groeide echter slecht op. Bertuccio bekent ook dat hij Caderousse de juwelier heeft zien vermoorden, aan wie hij zojuist de diamant van Abbé Busoni had verkocht.

HOOFDSTUKKEN 46-52

Monte Cristo gaat naar de bank van Danglars en vraagt om een onbeperkt krediet te openen. Hij gebruikt trucs om dichter bij de familie Villefort te komen en redt hun zoon: Villefort komt hem bedanken.

Maximilien Morrel is heimelijk verliefd op Villeforts dochter Valentine, die op haar beurt is beloofd aan Franz d'Épinay.

HOOFDSTUKKEN 53-61

Haydée, de jonge vrouw die Monet Cristo overal vergezelt, herkent Fernand de Morcerf als de man die haar vader, Ali Pasha, heeft verraden en haar als slaaf heeft verkocht.

Terwijl de jonge Albert de Morcerf aarzelt om met de dochter van de Danglars te trouwen, zitten Valentine de Villefort en Maximilien in grote problemen: de verloofde, Franz d'Épinay, kondigt zijn terugkeer aan. Valentine's grootvader, Noirtier, die verlamd is, belooft alles te doen om dit huwelijk te voorkomen.

Monte Cristo doet zijn zet om Danglars een miljoen te laten verliezen.

HOOFDSTUKKEN 62-65

Monte Cristo geeft een feest in zijn huis in Auteuil. Bertuccio herkent mevrouw Danglars als de vroegere geliefde van

Villefort, en dus als de moeder van Benedetto, die daar ook is onder de vermomming van een Italiaanse prins, Cavalcanti. Monte Cristo vertelt zijn gasten, onder de dekmantel van een verhaal, het ware verhaal van de geliefden en de baby. Mevrouw Danglars en Villefort zijn overstuur.

HOOFDSTUKKEN 66-75

Tijdens een bal praten Mercédès en Monte Cristo, zonder openlijk over het verleden te praten.

Maximilien vraagt Valentijn om met hem weg te lopen, maar de grootmoeder, Madame de Saint-Méran, sterft, en Valentijn ziet af van hun project. De dokter denkt dat de oude dame vergiftigd is. Franz d'Épinay heeft net het huwelijkscontract getekend, maar Noirtier verhindert het huwelijk door te onthullen dat hij degene is die Franz's vader heeft vermoord.

HOOFDSTUKKEN 76-83

Haydée vertelt hoe haar vader, Ali Pasja, het Griekse hoofd van de staat Janina, werd verraden door zijn rechterhand, een Franse soldaat die hem aan de Turken verkocht en haar familie vermoordde. Haydée was de enige die ontsnapte, om vervolgens als slaaf te worden verkocht en gekocht door Monte Cristo. De volgende dag wordt in een artikel over het verraad expliciet Fernand de Morcerf als dader genoemd.

Na een nieuwe vergiftigingspoging gericht op Noirtier, verdenkt de dokter Valentine ervan de dader te zijn.

Caderousse en Benedetto vormen een verbond om in Monte Cristo's huis in te breken, maar Monte Cristo, vermomd als de Abbé Busoni, onderschept Caderousse. Hij laat hem ontsnappen, goed wetende dat Benedetto hem zal vermoorden. Terwijl hij op sterven ligt, vertelt Monte Cristo hem zijn echte identiteit.

HOOFDSTUKKEN 84-92

Er wordt een onderzoek ingesteld naar de daden van Fernand de Morcerf, waarbij Haydée als getuige optreedt: Morcerf wordt als schuldig erkend. Albert zweert de man die verantwoordelijk is voor deze onthullingen te doden en daagt de graaf uit voor een duel. Mercédès bezoekt Monte Cristo: hij legt uit hoe Fernand hem jaren eerder heeft aangeklaagd. Mercédès betuigt haar onsterfelijke liefde voor Edmond Dantès en smeekt hem haar zoon te sparen. Monte Cristo belooft hem in plaats daarvan te laten doden. Maar Albert komt om vergiffenis vragen: Mercédès heeft hem alles verteld. Hij besluit Parijs te verlaten met zijn moeder. De graaf geeft zijn voormalige verloofde geld, dat zij alleen aanneemt om naar een klooster te kunnen gaan. Monte Cristo wordt zich bewust van het feit dat hij van Haydée houdt, zoals hij vroeger van Mercédès hield. Fernand eist uitleg: de graaf vertelt hem zijn ware identiteit. Fernand vlucht, geterroriseerd, en pleegt zelfmoord.

HOOFDSTUKKEN 93-103

Valentine klaagt dat ze zich flauw voelt, en zakt in elkaar. Maximilien rent naar Monte Cristo die hem wil helpen als hij van hun liefde hoort. De dokter bevestigt dat de jonge vrouw vergiftigd is.

Danglars dwingt zijn dochter Eugénie om met Cavalcanti te trouwen omdat hij haar, op de rand van het faillissement, nodig heeft om een fortuin te vergaren. Op de dag van het huwelijk dreigt Monte Cristo de waarheid over Cavalcanti/ Benedetto te vertellen en deze laatste vlucht. Eugénie vlucht naar België om zich te bevrijden van de mannelijke overheersing. Benedetto wordt gearresteerd.

Valentine, erg ziek, wordt gered door de graaf. Ze begrijpt dat het haar schoonmoeder is die haar probeert te vermoorden: Monte Cristo legt uit dat zij de erfenis voor haar zoon, Édouard, in handen wil krijgen. Hij vraagt de jonge vrouw een pil te slikken. De volgende dag verschijnt ze dood.

HOOFDSTUKKEN 104-113

Monte Cristo neemt nog eens vijf miljoen van Danglars, waardoor hij zijn eigen schulden niet meer kan betalen. De bankier vlucht.

Monte Cristo onthult aan Maximiliaan dat hij Edmond Dantès is en dwingt de jongeman, die wanhopig is door de dood van zijn geliefde, te beloven dat hij niet zal proberen zijn dagen te beëindigen voordat een maand is verstreken.

Villefort vertelt zijn vrouw dat hij weet dat zij de moordenaar is en vraagt haar zelfmoord te plegen. Tijdens zijn proces onthult Benedetto het verhaal van zijn geboorte. Villefort, kapot, erkent de feiten. Thuisgekomen ontdekt hij dat zijn vrouw zelfmoord heeft gepleegd zoals hij had gevraagd, maar dat zij ook hun zoon Édouard heeft vermoord. De Abbé Busoni vertelt hem dat hij Edmond Dantès is. Villefort toont hem de lichamen en vraagt of zijn wraak is voltrokken: de graaf twijfelt voor het eerst aan de geldigheid van zijn daden. Hij verlaat Parijs.

HOOFDSTUKKEN 114-117

In Italië verwacht Danglars weer vijf miljoen frank te verdienen, maar hij wordt gevangen genomen door een bandiet die iemands bevelen opvolgt. Hij eist gigantische bedragen om hem te voeden: Danglars is bijna geruïneerd. Een stem vraagt hem of hij spijt heeft van zijn daden, en de bankier zweert van wel. Monte Cristo onthult dat hij Edmond Dantès is, voordat hij hem laat gaan.

Maximilien, die nog steeds wil sterven voor Valentijn, ontmoet de graaf opnieuw. De jonge vrouw verschijnt, eindelijk uit haar lange coma. Monte Cristo test Haydée en zij toont aan dat haar liefde ongeïnteresseerd is: de graaf is eindelijk gelukkig. Hij laat al zijn Franse bezittingen na aan Maximilien.

KARAKTERSTUDIE

EDMOND DANTÈS OF DE GRAAF VAN MONTE CRISTO

Aan het begin van de roman is Edmond Dantès "een jongeman van 18 tot 20 jaar, lang, mager, met knappe zwarte ogen en ebbenhoutkleurig haar" (p. 4). Hij is een volledig positief wezen: vriendelijk en slim, hij respecteert de traditionele waarden en alles lijkt hem goed af te gaan. Door zijn vriendelijkheid heeft hij zelfs waardering voor degenen die jaloers zijn op zijn geluk. Zijn naïviteit is zodanig dat hij in de buurt komt van een karikatuur.

Het personage dat uit de gevangenis komt kon niet meer verschillen van de jonge Edmond Dantès. Zijn symbolische verandering van identiteit en uiterlijk is daar het bewijs van. Vanwege het verraad en het onrecht waarvan hij het slachtoffer is geworden, blijft hij zich steeds opnieuw aan gruwelijke gevoelens overgeven; zijn relatie met abbé Faria vormt de laatste schakel die hem weer aan de mensheid bindt en bij diens dood aarzelt hij niet, ondanks zijn verdriet, hem te gebruiken. De graaf van Monte Cristo staat dan volledig in het teken van zijn wraakzucht en hij laat, samen met zijn vroegere naam, alles achter wat hem tot de man maakte die hij was voordat hij naar de gevangenis werd gestuurd. In zijn ogen is de wereld nu verdeeld in twee categorieën mensen: zij die hem verraden hebben en zij die hem steunen. Daarom is hij het archetype van de wrekende held in de literatuur.

Zijn manicheïstische visie op het bestaan lijkt alleen weggenomen te worden doordat hij zijn verloren liefde terugvindt, in de persoon van Haydée.

MERCÉDÈS

Mercédès is een jong Catalaans meisje van 17 jaar aan het begin van de roman. Ze is wees en leeft in armoede, maar ze is vreselijk trots en erg mooi. Haar bestaan wordt geleid door haar liefde voor Edmond Dantès. Zij is een van de slachtoffers die het meest gekwetst wordt door het complot van Dantès: omdat ze denkt dat hij dood is, legt ze zich neer bij een leven dat haar niet bevalt door te trouwen met Fernand Mondego. Vervolgens wordt ze opgevreten door wroeging en heimwee. In de ogen van Dantès zijn haar berusting en passiviteit een verraad dat hij wil bestraffen, terwijl hij nog steeds van haar houdt.

Mercédès toont echter moed, eerst door de Graaf van Monte Cristo te confronteren en vervolgens door afstand te doen van haar man en zijn rijkdommen wanneer ze hoort van Fernands werkelijke rol in de gevangenneming van Dantès. Ze heeft dan niets meer, behalve haar liefde voor Albert. Haar uiteindelijke lijden en verarming maken haar tot een van de zwaarst gestrafte personages van de roman, terwijl haar fout slechts was geweest te wanhopen en zich erbij neer te leggen.

FERNAND MONDEGO

Aan het begin van de roman wordt Fernand Mondego gedomineerd door zijn liefde voor zijn nicht Mercédès. Vernederd door de afwijzingen van de jonge vrouw en uiterst jaloers op haar hartstochtelijke liefde voor Edmond Dantès, laat hij zich door Danglars manipuleren, die hem onder druk zet om de jonge kapitein te verraden. Zodra zijn rivaal lafhartig is uitgeschakeld, doet Fernand alsof hij de door verdriet geteisterde verloofde troost en krijgt hij wat hij wil. Nadat hij Mercédès heeft verkregen, gebruikt Mondego opnieuw verraad om rijk te worden: hij verraadt namelijk Ali Pasja en diens familie op een verschrikkelijke manier, waardoor hij machtig wordt en de titel graaf van Morcerf verwerft. Fernand de Morcerf vertegenwoordigt de macht van de gewapende macht.

VILLEFORT

Aan het begin van de roman is Gérard de Villefort de adjunct-kroonaanklager. Hij wordt beschreven als een 27-jarige man, open en aantrekkelijk: "met zijn blauwe ogen, zijn donkere teint en de zwarte bakkebaarden die zijn gezicht omlijsten, was hij echt een elegante heer" (p. 61). Achter deze mooie lichaamsbouw schuilt echter een opportunistisch en ambitieus wezen: ondanks het Bonapartistische engagement van zijn vader weet hij dankzij zijn koningsgezinde vrienden een belangrijke juridische functie te verwerven. Daarom is hij tot alles bereid om zijn carrière te beschermen: de veroordelingen van zijn vader verraden of een onschuldige voor het leven naar de gevangenis sturen. Hij komt over als een onbuigzame man, beheerst door strategie en verstand: "Hij trouwde met een jonge en mooie vrouw, van wie hij hield, niet hartstochtelijk, maar met verstand, zoals een plaatsvervangend officier van justitie van de kroon kan houden" (p. 63). Wanneer Monte Cristo hem terugvindt, is hij ambitieuzer dan ooit. Het personage van Villefort belichaamt de kracht van het recht.

DANGLARS

Aan het begin van de roman is Danglars een 26-jarige man. Jaloers op Dantès is hij een hebzuchtig en meedogenloos wezen. Als boekhouder aan boord van de *Faraon* is hij alleen geïnteresseerd in rijkdom en aarzelt hij niet de jonge Dantès op te offeren om zijn functie als kapitein te bereiken. Hij weet zich een weg naar de macht te klimmen en nadat hij baron is geworden, neemt hij een belangrijke plaats in als bankier. Wanneer hij op de rand van het faillissement staat, offert hij onmiddellijk zijn dochter Eugénie op, die hij letterlijk verkoopt aan de zelfbenoemde prins van Cavalcanti om zijn fortuin te redden. Zijn hele bestaan, en al zijn handelingen, worden uitsluitend beheerst door zijn hebzucht: zelfs als hij honger lijdt, denkt hij er niet aan zijn geld af te staan. De Baron Danglars vertegenwoordigt de macht van het geld.

ANALYSE

EEN HISTORISCHE ROMAN

Met *De graaf van Monte Cristo* lanceerde Dumas een waar historisch fresco. De plot, fictief, is inderdaad verweven met de belangrijkste gebeurtenissen van de 19e eeuw: het ontwrichtende element van de roman houdt rechtstreeks verband met de politieke context van die tijd.

Het verhaal begint in 1814: na vijftien jaar regeren als keizer van Frankrijk wordt Napoleon Bonaparte uit zijn functie ontheven en gedwongen tot ballingschap op het eiland Elba. Koning Lodewijk XVIII neemt de macht over. Het is op dat moment dat de jonge Dantès het bevel van de overleden kapitein van de *Faraon* gehoorzaamt en zonder het te weten zijn val uit de gratie brengt. In die tijd was de sfeer in Frankrijk zwaar door de rivaliteit tussen Bonapartisten en royalisten: de mensen die het keizerrijk betreurden werden opgespoord en beschouwd als bedreigingen voor de koninklijke macht. Het bezoek van Edmond aan vijandelijk gebied is dus de aanleiding voor de represailles waarvan hij het slachtoffer wordt, want hij wordt ervan beschuldigd de terugkeer van Napoleon te beramen. De brief die hij naar Parijs moest brengen, kondigde deze staatsgreep aan: Napoleon marcheerde in maart 1815 Parijs binnen en greep de macht. Daarmee begon de periode van de Honderd Dagen – waaraan Dumas een hoofdstuk wijdde – die eindigde met een terugkeer naar de monarchie. De lezer wordt zo ondergedompeld in de geschiedenis.

Hij krijgt een totaalbeeld van de verschillende geopolitieke gebeurtenissen van die tijd: de groeiende maritieme handel, de oorlogen in het Oosten, de Franse politieke context, enz.

Hoewel dit werk fictief is, is de plot zelf geïnspireerd op een waargebeurd verhaal: Het lot van Edmond vindt zijn oorsprong in de geschiedenis van Pierre Picaud, een jongeman die door drie van zijn vrienden ten onrechte werd beschuldigd van spionage terwijl hij op het punt stond met zijn verloofde te trouwen. Toen hij uit de gevangenis kwam, kreeg hij een schat in handen en kwam hij terug om wraak te nemen op degenen die hem hadden verraden. Het pad van de graaf van Monte Cristo is duidelijk afgekeken van dat van deze man, wiens verhaal bekend was bij het lezerspubliek ten tijde van de publicatie van de roman.

Het feit dat het verhaal geworteld was in historische feiten, en de parallel tussen de hoofdpersoon en het slachtoffer van een nieuwsbericht, gaven het werk een realistische glans, hoewel het natuurlijk een werk van fictie is, waarin af en toe een zweem van het bovennatuurlijke te bespeuren valt. Voor Dumas is de geschiedenis niets anders dan "een spijker waaraan hij zijn romans ophangt".

RECHTVAARDIGHEID EN HAAR GRENZEN

De graaf van Monte Cristo biedt een gedetailleerde kijk op het falen van de menselijke rechtvaardigheid, "een figuur met een duistere uitstraling" (p. 67). Het complot waaraan Edmond ten prooi valt, is inderdaad dubbel onrechtvaardig: hij is niet alleen het slachtoffer van een valse aanklacht, maar ook van een willekeurig oordeel. Het leven van dit personage wordt voortdurend door anderen opgeofferd in naam van hun persoonlijke belangen. Dumas biedt een ware satire op het rechtssysteem van die tijd, zoals blijkt uit de gedachten die hij in het hoofd van Danglars stopt: "Moeten we ons zorgen maken over de justitie die Dantès vrijlaat? O maar, voegde hij er met een glimlach aan toe, gerechtigheid is gerechtigheid, en ik heb er alle vertrouwen in" (p. 52). In de roman wordt snel duidelijk dat Dantès niet op de Franse justitie kan rekenen om de waarheid te herstellen. Het wordt ook duidelijk dat er geen goddelijke rechtvaardigheid bestaat: Caderousse benadrukt immers dat de slechte mensen beloond werden en de goede mensen gestraft.

Voor deze dubbele mislukking besluit Dantès het recht in eigen hand te nemen. Daarmee neemt hij de rol van God op zich en beslist hij over het lot van zijn medemensen. Hij is van plan de mensen die hebben geholpen en degenen die zijn benadeeld, zoals meneer Morrel, te belonen en zijn kwelgeesten, namelijk Fernand, Danglars en Villefort, te straffen. Mercédès is in zijn ogen een specifiek geval, want hoewel hij vindt dat zij hem heeft verraden, kan hij zijn liefde voor haar niet negeren: daarom straft en steunt hij haar zowel. De graaf van Monte Cristo past dus de *lex talionis toe* en maakt van zijn precieze wraak zijn enige doel: hij zal degenen die zijn leven hebben verwoest laten lijden, door hen hetzelfde leed toe te brengen als hijzelf heeft moeten doorstaan, voordat hun dood te bespoedigen.

Zijn manicheïstische visie op zijn medemensen had echter valkuilen: Monte Cristo beseft uiteindelijk dat die rechtvaardigheid even beperkt is, omdat hij geen goddelijke almacht en alwetendheid bezit. Elementen ontsnappen onvermijdelijk aan zijn controle en verhinderen hem tevreden te zijn. De graaf wordt zich hiervan bewust wanneer hij geconfronteerd wordt met de dood van de jonge Édouard. Daarom zet hij zijn fatale plannen niet door en spaart uiteindelijk de baron Danglars. Monte Cristo aanvaardt dan dat zijn geluk niet de wraak behoeft, maar de liefde die hij opnieuw voelt voor Haydee. Via de weg van dit gekwelde personage heeft Dumas willen laten zien dat het voor de mens onmogelijk is om zelf recht te spreken en dat hij zich erbij moet neerleggen dat hij het aan een hoger wezen moet toevertrouwen.

EEN SATIRE VAN DE FRANSE HIGH SOCIETY

Dumas' roman biedt een vurige satire op de maatschappij van zijn tijd. De auteur brengt namelijk alle gebreken in beeld die inherent zijn aan deze wereld. Allereerst valt op dat de drie belangrijkste staatsmachten (geld, gewapend geweld en justitie) worden belichaamd door de vijanden van Monte Cristo. Ze hebben allemaal laffe trucs gebruikt om aan de macht te komen en ze zijn er allemaal voor beloond: Dumas impliceert dat hun wandaden uit het verleden worden vergeten zodra ze een belangrijke rang bereiken. De drie personages laten zich uitsluitend leiden door hun individuele belangen en geven blijk van een beangstigend opportunisme en cynisme: Villefort aarzelt niet om zich bij de royalisten aan te sluiten om carrière te maken; Lucien Debray, de minnaar van mevrouw Danglars, maakt openlijk gebruik van de vrouw van de bankier om zijn geldelijke behoeften te bevredigen. De lezer ontdekt een wereld waar geld koning is. Zo wordt de valse prins Cavalcanti, belichaamd door Benedetto, een begeerde huwelijkskandidaat, en de graaf van Monte Cristo komt, zolang hij rijk is, in elke sociale kring terecht en niemand stelt hem vragen over zijn mysterieuze verleden. De auteur laat dus zien dat alle menselijke waarden worden ondermijnd door de zucht naar geld.

Alexandre Dumas zet ook personages neer waarvan de deugden oprecht zijn, waardoor hij de lelijkheid en hypocrisie van de maatschappij nog meer kan benadrukken. In deze Parijse wereld zijn er inderdaad enkele innemende figuren die verdrinken in de ondeugden van de mensen om hen heen. Zo worden Valentine de Villefort en Eugénie Danglars, twee zelfstandig denkende en ongeïnteresseerde vrouwen, opgeofferd voor de ambities van hun vaders en gedwongen zich te verbannen. Ook Albert de Morcerf toont waardigheid en loyaliteit onder ongunstige omstandigheden. Deze slachtoffers zijn, symbolisch, allemaal belichaamd door het nageslacht van Dantès' kwelgeesten, wat een sprankje hoop biedt in de cynische wereld die de auteur schildert. De roman eindigt met een positieve moraal: de sociale maatschappij en haar actoren worden gestraft, terwijl desinteresse en liefde worden beloond, hoewel men Parijs moet verlaten om deze beloning te krijgen. Dumas laat zo zien dat de Franse high society besmette waarden uitdraagt en dat het essentieel is zich ervan te verwijderen.

VERDERE REFLECTIE

ENKELE VRAGEN OM OVER NA TE DENKEN...

- Hoe bespreekt Dumas het onderwerp zelfmoord?

- Hoe is de plot van Edmond Dantès het tegenovergestelde van wat verwacht kan worden van die van de held van een Bildungsroman?

- Hoe vergelijkt de auteur het leven in de gevangenis met de dood?

- Leg uit hoe de keuzes van de verschillende identiteiten van Monte Cristo verschillende aspecten van zijn persoonlijkheid onthullen.

- Hoe is de Abbé Faria cruciaal voor de ontwikkeling van het verhaal, ondanks zijn schijnbare onbeduidendheid?

- Dantès' laatste woorden aan Maximilien zijn: "Wacht en hoop!" Hoe geldt dit motto achteraf gezien voor de hele roman?

- Hoe kan *De graaf van Monte Cristo* in verband worden gebracht met de gotische roman?

VERDER LEZEN

REFERENTIE-UITGAVE

Dumas, A. (2010) *Le Comte de Monte-Cristo*. Parijs: Gallimard.

AANPASSINGEN

De roman van Alexandre Dumas heeft sinds 1918 vele bewerkingen geïnspireerd. De volgende bewerkingen zijn opmerkelijk en blijven dicht bij de roman:

Le Comte de Monte-Cristo. (1943) [Film]. Robert Vernay. Dir. Frankrijk: Regina Productions.

Een eerste versie van de film werd gemaakt door Robert Vernay in 1943 tijdens de bezetting.

De graaf van Monte Cristo. (2002) [Film]. Kevin Reynolds. Dir. UK: Touchstone Pictures.

Dit werk is in Frankrijk ook bewerkt tot een succesvolle televisieserie:

Le Comte de Monte Cristo. (1998) [Televisieserie]. Josée Dayan. Dir. Frankrijk: TF1.

We horen graag van jou! Laat
een reactie achter op jouw online bibliotheek
en deel je favoriete boeken op social media!

De uitgever garandeert de betrouwbaarheid van de gepubliceerde informatie, die echter niet onder zijn verantwoordelijkheid valt.

www.50minutes.com

Master ISBN: 9782808687485
Papier ISBN: 9782808698887
Wettelijk depot: D/2023/12603/1168

Omslag: © Primento

Digitaal ontwerp: Primento, de digitale partner van uitgevers.